Marinia
et le cœur de feu

Texte : Annie Turcotte
Illustrations : Claire Anghinolfi et Alexandra Poulin
Direction artistique : Kevin Richer et
Marie-Ève Grenier
Édition : Isabel Tardif et Caroline Trudeau
Design graphique : Josée Amyotte et
Marie Gouret
Infographie : Marie Gouret
Traitement des images : Marie Gouret
Révision : Caroline Hugny
Correction : Joëlle Bouchard et Jocelyne Cormier
Collaboration spéciale : Kathleen Shannon

DISTRIBUTEUR EXCLUSIF :

Pour le Canada :
MESSAGERIES ADP inc.*
Téléphone : 450-640-1237
Internet : www.messageries-adp.com
* filiale du Groupe Sogides inc.,
filiale de Québecor Média inc.

Catalogage avant publication de Bibliothèque et Archives nationales du Québec et Bibliothèque et Archives Canada

Titre: Marinia et le cœur de feu.
Description: Mention de collection: Nebulous stars ; 3
Identifiants: Canadiana (livre imprimé) 20210043598 | Canadiana (livre numérique) 20210043601 | ISBN 9782897543020 | ISBN 9782897543037 (livre numérique)
Classification: LCC PS8600.M37 2021 | CDD jC843/.6–dc23

12-21

Imprimé au Canada

Dépôt légal : 2021
Bibliothèque et Archives nationales du Québec

ISBN (version papier) 978-2-89754-302-0
ISBN (version numérique) 978-2-89754-303-7

Gouvernement du Québec - Programme de crédit d'impôt pour l'édition de livres - Gestion SODEC - www.sodec.gouv.qc.ca

L'Éditeur bénéficie du soutien de la Société de développement des entreprises culturelles du Québec pour son programme d'édition.

Conseil des arts du Canada | Canada Council for the Arts

Nous remercions le Conseil des arts du Canada de l'aide accordée à notre programme de publication.

Financé par le gouvernement du Canada
Funded by the Government of Canada | Canada

Nous reconnaissons l'aide financière du gouvernement du Canada par l'entremise du Fonds du livre du Canada pour nos activités d'édition.

Nebulous Stars®

nebulousstars.com

Marinia
et le cœur de feu

Texte d'**Annie Turcotte**

Illustrations de **Claire Anghinolfi** et **Alexandra Poulin**

petit homme

Prologue

Les légendes mystiques racontent qu'au plus profond de chaque nébuleuse se trouve un cœur, qui donne vie à des âmes exceptionnelles et remplies d'un amour pur…

Découvre l'univers magique de Nebulous Stars. Dans ce monde fabuleux, les habitants sont responsables de la naissance des étoiles. C'est grâce aux énergies positives dégagées par tous, comme l'amour, le partage, la bonté et l'entraide, que l'univers parvient à rester en équilibre. Mais lorsque des sentiments négatifs envahissent le cœur des résidents, les conséquences peuvent être graves ! Heureusement, tous les enfants apprennent très jeunes comment participer à rendre le monde meilleur.

Chaque personne contribue à sa façon au maintien de cet équilibre fragile grâce à ses pouvoirs fantastiques. Pars maintenant à la rencontre d'un groupe d'amies bien particulier et de leurs fidèles animaux magiques !

Marinia

Marinia
a une voix mélodieuse
aux pouvoirs
énergisants.
Elle vit dans
le Lagon lumineux et
est capable de respirer
sous l'eau.
Bien qu'un peu distraite
à ses heures,
elle maîtrise la méditation
en plus de détecter
facilement les émotions
des autres.

Coralia

La douce Coralia
réside au creux
du Récif arc-en-ciel.
Empathique,
elle adore faire
du bénévolat.
Excellente nageuse,
son don lui permet
de contrôler l'eau.
Elle fabrique
de magnifiques bijoux
et fait aussi
de la visualisation
positive.

Eclipsia

Eclipsia vit au cœur
de la Montagne
des Saphirs.
Autonome, cultivée
et très curieuse,
elle a toujours le nez
dans un livre.
Elle est douée pour
le dessin et capable
de lire les étoiles et
les constellations.
Lorsque le ciel est clair,
elle parvient même
à percevoir des vibrations
d'avenir.

Iceana

Iceana vit
dans les Terres glacées.
Honnête et directe,
elle aime faire de la
photographie et bricoler
des objets qu'elle offre
en cadeaux à ses amies.
Active, elle passe
beaucoup de temps
à pratiquer différents
sports d'hiver. Son amour
de la géométrie lui permet
d'analyser les flocons
de neige afin d'être guidée
vers le beau temps.

L'Espace-en-Ciel
La Rivière de l'Éternité
La Montagne des Saphirs
Eclipsia
La Chute magique
Les Terres glacées
La Fontaine enchantée
Le Jardin des Fleurs
Isadora
La Chute des Souhaits
Petulia
Marinia

La Pouponnière d'étoiles
L'Académie des Énergies
Nebulia
Nebulopolis
Le Vieux Pont
Les Arbres cosmiques
Iceana
La Forêt enchantée
La Forêt lointaine
Hazelia
Le Récif arc-en-ciel
Le Lagon lumineux
Coralia
Les Eaux profondes

1

Le concours de fin d'année

Chaque fin d'année, l'Académie des Énergies de Nebulopolis propose un important concours aux élèves. Pour annoncer les détails de celui-ci, les organisateurs de l'événement ont rassemblé tous les enfants intéressés dans la grande bibliothèque de l'école. De toute l'Académie, il s'agit du lieu préféré de Marinia. D'abord, elle adore l'odeur du vieux papier et de l'encre des livres. Ensuite, elle est rassurée de savoir que la bibliothèque conserve tout le savoir laissé par ses ancêtres, que tout a été minutieusement écrit. Enfin, lorsqu'elle est dépassée par le stress des examens ou tendue à la suite d'un conflit avec ses amies, elle aime le silence qu'elle y trouve. Elle se sent enveloppée par celui-ci.

Mais aujourd'hui, exceptionnellement, les élèves ont le droit de parler dans la bibliothèque ! Tous les enfants sont assis devant la directrice de l'Académie qui s'apprête à donner les détails du concours. Elle se tient bien droite, debout derrière un lutrin où se trouve le micro.

– Bienvenue au grand concours de l'Académie ! déclare-t-elle. Cette année, il s'agit d'un concours de création. Votre matière première sera les auras !

Les élèves, maintenant silencieux, se regardent en haussant les épaules, des points d'interrogation dans les yeux.

– Vous devrez d'abord capturer des auras, puis les mélanger afin de créer quelque chose de surprenant. Ces auras fusionnées devront devenir quelque chose de concret et de visible, enchaîne la directrice, enthousiaste, devant son public qui la regarde comme si elle parlait une autre langue.

Pour s'assurer que les élèves comprennent ce qu'ils doivent faire, la directrice prend place devant un grand tableau noir où elle dessine à l'aide d'une craie.

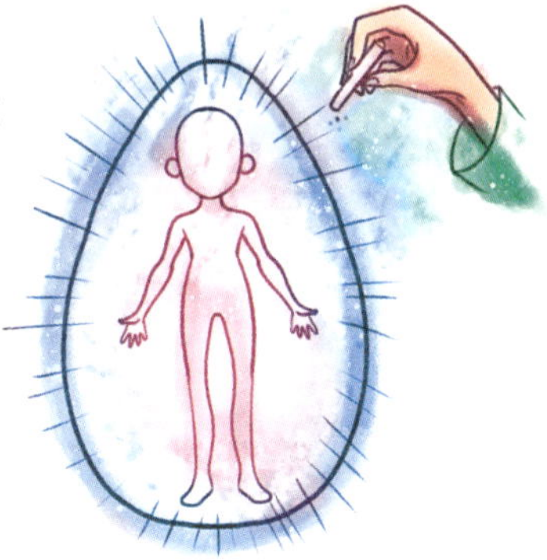

– Pour ceux et celles qui ne le savent pas encore, une aura est généralement translucide, en forme d'œuf, et se situe autour d'une personne. Elle l'enveloppe. L'aura change de couleur selon les émotions que cette personne vit ou encore selon son état de santé.

Les élèves observent attentivement le bonhomme dessiné par la directrice sur le tableau noir. Celui-ci est encerclé par un œuf lumineux.

– Je sais que certains d'entre vous ont déjà le don de percevoir l'aura des autres. S'il vous plaît, ajoute-t-elle, levez la main ceux et celles qui sont concernés.

Encouragée par les quelques autres petites mains dans les airs, Marinia lève timidement la sienne. En effet, comme toute sa famille, elle fait partie de ceux qui ont le don de percevoir l'aura des gens, soit la couleur qui les enveloppe, comme une sorte de vibration teintée qui flotte autour du corps. Lorsqu'elle était encore toute petite, la maman de Marinia lui a enseigné que tous les éléments de la nature ont des auras : les animaux, les arbres, les fleurs, même le plus banal des cailloux. Mais ce qu'il faut savoir, c'est que l'aura qui encercle les éléments n'a pas toujours la même puissance ni la même couleur.

– Même si vos camarades sont avantagés par leur don, continue la directrice, sachez que tout le monde peut parvenir à voir l'aura des autres. Il faut juste s'en donner la peine, se concentrer réellement sur son sujet.

Afin de démontrer concrètement aux élèves ce qu'ils doivent faire pour participer au concours, la directrice prend le tube qui a été déposé sur son lutrin. Elle retire un bouchon pour ouvrir une extrémité du cylindre. Puis, elle s'approche d'un professeur et fait habilement le tour de son corps en maniant le tube, comme pour ramasser l'air qui circule autour de lui. Rapidement, elle referme le contenant. Elle répète la même opération avec l'autre extrémité du cylindre, en capturant l'aura d'un second professeur qui assiste à la réunion. Afin que les deux auras se rejoignent, la directrice retire une languette située au centre du cylindre, qui séparait jusque-là les deux extrémités du contenant. D'un côté, le cylindre transparent est jaune. De l'autre, il est bleu. Après avoir brassé le tout vigoureusement devant les yeux éblouis des élèves, elle ouvre lentement le tube. Une substance légère, teintée de vert, s'échappe. La substance qui flotte dans l'air prend alors la forme d'une grosse goutte de pluie verte, puis éclate au-dessus des enfants qui pouffent de rire en recevant les éclaboussures. Ils sont fascinés par la démonstration.

– Si je me fie au résultat obtenu, une immense goutte verte, explique la directrice, un de nos professeurs avait une aura jaune d'amitié, de puissance et de joie, tandis que l'autre était visiblement en train de rêvasser ! La couleur de son aura bleu ciel et la rapidité avec laquelle la goutte verte a éclaté en sont la preuve, dit-elle.

Les deux professeurs concernés sont épatés par les propos de la directrice et confirment que ce qu'elle vient de lire en eux est bel et bien vrai !

Dans la salle, Eclipsia, une amie de Marinia, lève la main pour obtenir le droit de parole. La directrice s'approche d'elle afin de bien entendre sa question.

– Comment fait-on si, comme moi, on ne parvient pas à voir l'aura des gens ? demande Eclipsia, d'un ton tracassé.

– L'expérience a pour objectif de vous sensibiliser aux sentiments vécus par les autres, afin de créer des combinaisons intéressantes. Si vous ne les voyez pas, vous pouvez du moins les ressentir. Servez-vous de votre empathie, de votre sensibilité à l'égard de ce que vivent les gens qui vous entourent et vous y parviendrez.

– Et pour le dosage, je veux dire la quantité d'auras à capturer pour arriver à créer quelque chose, où trouve-t-on l'information ? questionne Eclipsia, qui veut mettre toutes les chances de son côté.

– Vous devez faire des tests ! répond la directrice. Mais il y a aussi plusieurs livres sur les auras autour de vous, dans cette bibliothèque. Il s'agit là d'un bon point de départ.

Oh, là, là ! Bien que le défi du concours de cette année soit de taille, la plupart des élèves de l'Académie sont très enthousiastes à l'idée d'y participer. Certains élèves, dont Eclipsia, ont déjà le nez dans les livres !

2

Soleil, éclipse et astéroïde

– Encore un petit moment de silence, demande la directrice, alors que les élèves, excités, parlent entre eux. Comme à l'habitude, mentionne-t-elle, vous devez vous placer en équipe de deux pour vous inscrire et participer au concours.

Dans le groupe d'enfants qui s'agite, plusieurs duos se forment très rapidement, dont celui de Marinia et de son amie Coralia, qui sautent de joie à l'idée de travailler ensemble, comme l'an dernier.

La directrice de l'Académie reprend le contrôle de la réunion qui dérape devant tant d'enthousiasme !

– Silence ! lance-t-elle fermement en faisant sursauter les enfants, de même que tous les professeurs présents.

Puis, souhaitant que toutes les règles du concours soient données aux élèves avant de perdre leur attention, elle ajoute ceci :

– Dernier règlement : les duos formés pour le concours de cette année doivent être différents de ceux des éditions précédentes. Si vous avez déjà fait équipe avec une personne, il vous est interdit de vous remettre en équipe avec celle-ci.

Il n'en fallait pas plus pour que Marinia et Coralia, qui se tenaient déjà par la main, se figent et perdent le sourire. De son côté, sous le choc, Eclipsia tombe littéralement en bas de sa chaise, puis accepte la main tendue d'Iceana, sa meilleure amie, pour se relever. Le moins qu'on puisse dire, c'est que ce nouveau règlement a l'effet d'une bombe auprès des participants !

La joie cède la place à la déception et à la chicane dans la bibliothèque. Personne ne s'entend sur la façon de former les équipes. Iceana et Eclipsia, qui souhaitaient retravailler ensemble, sont déçues. L'année précédente, elles avaient gagné le trophée alors que le concours portait sur la création de flocons de neige aux couleurs de l'arc-en-ciel.

– Zut alors ! s'exclame Iceana, en roulant des yeux. J'en ai vraiment assez des règlements !

De son côté, Eclipsia se ronge déjà les ongles à l'idée de ne pas être en équipe avec son amie, une fille aussi douée, compétitive et impliquée qu'elle.

C'est alors que Marinia et Coralia s'approchent.

– Nous étions ensemble l'an dernier. Alors, comme vous, on ne peut pas se remettre en duo. Est-ce qu'on joue à « soleil, éclipse et astéroïde » pour déterminer de nouvelles équipes ? propose Marinia.

Trouvant qu'il s'agit d'une bonne idée, Eclipsia et Iceana acceptent. Et après tout, Marinia et Coralia sont de bonnes amies... bien que beaucoup moins sérieuses qu'elles lorsque vient le temps de se concentrer pour performer. Mais comme Marinia est celle de la bande qui parvient le mieux à lire l'aura des gens, c'est un avantage non négligeable.

– Celle qui gagne sera en équipe avec Eclipsia, lance Coralia en se plaçant devant Marinia.

Les deux filles, face à face, mettent chacune une main dans leur dos pour commencer l'échange.

– Soleil, éclipse et astéroïde ! crient en chœur Marinia et Coralia.

Coralia choisit astéroïde et Marinia prend soleil ! Comme le soleil brûle l'astéroïde, c'est Marinia qui l'emporte et qui se retrouve en équipe avec Eclipsia. Ainsi, Coralia travaillera avec Iceana.

La réunion est maintenant terminée. Pour permettre aux enfants de réaliser leur expérience, un capteur d'auras en forme de cylindre est distribué à chaque équipe. Marinia préfère que ce soit sa coéquipière qui conserve le précieux tube. Comme elle est souvent désorganisée à l'école et que sa professeure a parlé d'un trouble de l'attention, Marinia a toujours peur d'oublier un truc important… Sa maman a pris le temps de lui expliquer qu'elle devait être mieux organisée et plus à son affaire pour ne rien oublier. Elle lui a aussi rappelé à quel point méditer pouvait l'aider à se concentrer. Mais pour l'instant, Marinia préfère laisser le cylindre en sûreté entre les mains de son amie !

– J'ai trop peur de le perdre, explique-t-elle à Eclipsia, sans s'étendre sur le sujet.

Eclipsia ne comprend pas trop pourquoi Marinia est si inquiète, mais elle ne pose pas de question, prend le tube et le glisse tout bonnement dans son sac d'école.

Les quatre copines ont déjà franchi la porte de la bibliothèque lorsque, de loin, elles entendent la directrice ajouter, en parlant fort pour que tout le monde l'entende :

– On se retrouve demain soir après les heures de classe pour une première rencontre d'équipe !

3

Page blanche et bulle magique

Le lendemain, après les heures de classe à l'Académie des Énergies, les élèves sont de nouveau rassemblés dans la grande bibliothèque pour une première session de remue-méninges. Les équipes qui prennent part au concours sont invitées à s'asseoir autour des grandes tables placées exprès pour l'occasion. Marinia et Eclipsia, les coudes sur la table et la tête dans les mains, fixent une page blanche. Juste à l'idée de croiser le regard exigeant d'Eclipsia, Marinia angoisse. Eclipsia est une intellectuelle. Très cultivée, elle a toujours impressionné Marinia et le reste de la bande avec toutes ses connaissances.

Assises sous l'immense arbre au centre de la bibliothèque, Coralia et Iceana ont, quant à elles, quelques pistes de départ. Mais l'atmosphère est tout de même tendue. Iceana cherche LA bonne idée en jouant du clavier avec ses doigts sur le sol. Pour la calmer, Coralia lui offre gentiment une gomme à mâcher. C'est interdit dans la bibliothèque, mais Iceana a toujours aimé le petit côté décontracté et « je m'en fiche » de Coralia. Bien qu'un peu déçue de ne pas être en équipe avec sa meilleure amie, Iceana accepte la gomme à mâcher de Coralia avec le sourire et décide de passer à autre chose. Après tout, à quoi lui servirait-il de broyer du noir ? Les équipes ne vont pas changer. Elle sait que pour être heureux, les gens doivent s'adapter, et c'est exactement ce qu'elle a l'intention de faire ! En plus, ça ne sera pas très difficile puisque Coralia est une coéquipière plutôt sympathique. Elle est constamment de bonne humeur et les moments passés avec elle sont toujours légers.

C'est donc tout simplement en s'amusant à faire des bulles de gomme à mâcher et en ricanant que, soudainement, Coralia a une idée ! N'ayant pas peur du jugement des autres, la fillette dit toujours tout ce qui lui passe par la tête. Parfois, cela la met dans le pétrin, mais la plupart du temps, c'est plutôt drôle, et même parfois... extraordinaire !

– Et si on tentait de créer une bulle géante ? propose-t-elle en bondissant de son siège, comme si une mouche venait de la piquer.

Voyant le regard interrogateur de sa coéquipière, elle s'explique, tout en mimant pour illustrer ses propos :

– Je veux dire une très grande bulle. Une bulle d'air résistante dans laquelle on pourrait respirer, même sous l'eau.

Iceana semble perdue, alors Coralia poursuit ses explications :

– Quand la directrice a fusionné les auras des deux professeurs, une immense goutte d'eau s'est formée et a éclaté, pas vrai ? Si l'on parvient à trouver la bonne combinaison d'auras, en réunissant des énergies positives et puissantes, je suis persuadée que nous pourrons créer une bulle d'oxygène permanente qui résistera à l'eau !

Iceana comprend alors où son amie veut en venir. Coralia, tout comme Marinia, est une enfant amphibie, donc elle peut vivre tant sur terre que dans l'eau. Elle parvient à respirer sous les profondeurs, mais ce n'est pas le cas de toutes ses amies. Cette idée de créer une bulle d'oxygène en fusionnant des auras n'est donc pas folle du tout et serait bien utile.

– Avec une invention comme ça, vous pourriez toutes venir dormir chez moi, sous l'eau, en toute sécurité… et bien au sec ! s'exclame Coralia, excitée, avant de créer une immense bulle avec sa gomme à mâcher.

Iceana est emballée par le projet. Ça roule drôlement bien pour l'équipe de Coralia ! Mais la partie n'est pas gagnée. Encore faut-il trouver le bon mélange d'auras pour obtenir une telle bulle magique. Ensemble, motivées comme dix, elles commencent à élaborer un plan plus précis et à fouiller dans les livres de la bibliothèque. Si tout fonctionne sur papier, elles doivent maintenant provoquer différentes émotions chez les gens, capturer des auras et les mélanger pour obtenir la bulle. La bonne vieille méthode d'essais-erreurs s'impose !

Le jour du concours, elles planifient aussi faire la démonstration de leur invention dans un immense aquarium. Elles déposeront Blizzia, l'animoulous d'Iceana, à l'intérieur de la bulle d'air. Comme Blizzia ne respire pas sous l'eau, l'expérience doit être prise au sérieux. Pas question de faire souffrir la jolie petite bête.

Coralia voit si grand que l'immense bulle de gomme à mâcher qu'elle vient de souffler lui éclate en plein

visage. Les participants des tables voisines éclatent de rire. Puis, comme pour la sortir de son rêve, la directrice, d'un air sévère, s'approche d'elle. Elle tend une corbeille devant les deux filles qui comprennent qu'elles doivent illico jeter leur gomme à mâcher.

Voyant qu'Eclipsia jalouse le travail de leurs voisines de table – elle n'a même pas souri lorsque Coralia s'est étalé de la gomme à mâcher dans le visage –, Marinia sent une boule se former au creux de son ventre. Et si elle n'était pas à la hauteur de sa coéquipière ? Eclipsia a beaucoup plus de facilité qu'elle à l'école, et la comparaison l'insécurise beaucoup. Tout ce qu'elle voulait en s'inscrivant à ce concours, c'était d'avoir du plaisir, comme avec Coralia l'an dernier… Mais là, c'est tout l'inverse qui se produit et elle ne sait pas trop comment gérer la situation, ni les sentiments négatifs qui l'envahissent. Elle sent son cœur battre très vite et on dirait que sa tête va exploser tellement elle lui fait mal. Une chose est certaine : sa propre aura doit être bien sombre en ce moment.

4

Enfin, une idée !

Les premières rencontres de Marinia et d'Eclipsia concernant le concours n'ont rien donné. Leurs différents mélanges d'auras ne créent rien de bon, et elles sont maintenant en panne d'idées ! Afin de s'aider un peu à trouver l'inspiration, Marinia propose à sa coéquipière de se réunir aux abords de la Rivière de l'Éternité. Le son de l'eau qui ruisselle, le chant des oiseaux et des insectes ainsi que la douce caresse du vent frais l'ont toujours aidée à éclaircir ses idées.

Les deux jeunes filles sont maintenant assises face à face sur des rochers. Même si le décor extérieur est relaxant pour les demoiselles, leurs animoulous sont très excités depuis leur arrivée. Plus que ça, ils sont carrément dérangeants. Louna, qui ressemble un peu à un hibou, cherche toujours à s'agripper au crayon d'Eclipsia, ce qui complique la prise de notes. Quant à Octavia, elle passe son temps à chatouiller Marinia avec ses six tentacules.

– Hi, hi, hi ! rigole Marinia. Mais arrête, Octavia, ça me chatouille trop et ce n'est pas le moment de jouer. Ha, ha ha !

Marinia rit encore un moment haut et fort et elle se permet même de chanter quelques notes comme elle a l'habitude de faire lorsqu'elle passe du temps sur le bord de l'eau, mais elle constate bien vite, par le regard sévère d'Eclipsia, qu'elle est jugée pour son manque de sérieux.

Lorsqu'Octavia lui cache les yeux avec deux tentacules pour faire sa petite comique, un éclair de génie jaillit dans l'esprit de Marinia.

– Et si on trouvait une façon de créer une source de lumière ? propose Marinia, presque gênée d'avoir eu une idée.

Comme Eclipsia semble aimer l'idée, Marinia poursuit sur sa lancée, nerveusement.

– On pourrait utiliser l'amour qu'on éprouve envers nos animoulous pour développer une aura rouge.

Pour appuyer ses propos, Marinia, dont les capacités extraordinaires lui permettent de détecter les auras les plus puissantes, s'empare du tube. Elle emprisonne l'aura d'amour qui circule actuellement autour d'Eclipsia, en train de caresser affectueusement son animoulous.

Sortant un immense livre de son sac à dos, Eclipsia valide quelques informations sur les auras rouges et la possibilité de créer de la lumière. Marinia espère du plus profond de son cœur que son amie ne va pas tomber sur une information contradictoire dans son livre…

Après avoir consulté quelques pages, Eclipsia ouvre enfin la bouche :

– Je crois que ton idée peut fonctionner ! Si je me fie aux recettes d'auras écrites dans ce livre, en mélangeant à l'aura rouge d'amour une forte dose d'aura jaune de courage, on pourrait peut-être obtenir un cœur de feu qui illumine, poursuit Eclipsia, qui commence à être emballée par le défi.

– Youpi ! crie Marinia, soulagée et de plus en plus confiante.

Elles ont enfin un plan pour le concours et c'est grâce à Marinia ! Les deux copines, accompagnées des animoulous, ramassent leurs affaires et prennent chacune la route vers la maison avec le sourire.

– On se voit demain ! lance Eclipsia à son amie qui s'éloigne. Mais ne t'emballe pas trop vite, il est écrit dans le livre qu'il s'agit de recettes d'auras très difficiles à maîtriser. On a donc beaucoup de tests à effectuer !

Marinia salue sa copine de la main. Elle est bien consciente qu'elles devront faire beaucoup d'essais-erreurs pour réussir la recette d'auras. Elles devront trouver les bonnes doses… Juste à y penser, elle ressent à nouveau une boule dans son ventre. Elle a encore peur de décevoir sa partenaire. La preuve que ça ne va pas : c'est bientôt l'heure du souper et elle n'a pas faim. C'est comme si son stress remplissait entièrement son estomac. Dommage, pense-t-elle. Sa maman cuisine tellement bien ! Et ce soir, elle prépare des spaghettis aux tomates lunaires, exprès pour lui faire plaisir !

Malgré la bonne idée qu'elle a eue, c'est avec la mine un peu basse que Marinia revient dans le confort de son lagon lumineux. Dans sa chambre, elle se détend en regardant par la fenêtre valser les plantes aquatiques de son jardin. Puis, elle retrouve un semblant de sourire en observant les petits animaux marins jouer entre eux. Octavia, qui la sent tendue, vient délicatement se blottir contre elle.

– Ton assiette est servie ! lui crie sa mère depuis la cuisine.

Même si elle n'a toujours pas retrouvé l'appétit, Marinia se lève et va s'installer à table. Sa maman et elle vivent seules, alors elles se soutiennent et s'écoutent mutuellement. Avec Octavia, qui prend place dans une chaise haute, elles forment le plus doux des trios. Le temps d'un bon repas, Marinia ne repense plus au concours.

5

Espionnage et découragement

Le lendemain soir après l'école, fouineuse à ses heures et très compétitive dans l'âme, Eclipsia décide de passer par la maison d'Iceana au lieu de rentrer directement chez elle. Son objectif est simple : elle veut espionner les deux filles qui se rencontrent ce soir-là, afin d'en savoir un peu plus sur leur invention. Depuis l'extérieur, à travers la fenêtre, elle analyse en catimini le projet de ses camarades...

Pour créer leur fameuse bulle, Coralia et Iceana mélangent d'abord plusieurs doses d'auras qu'elles ont amassées aux quatre coins de la cité, puis conservées dans divers contenants. Les échecs qu'elles enchaînent rassurent Eclipsia. Puis, au moment d'ouvrir le capteur d'auras une énième fois, une petite bulle semble prendre vie devant les yeux ébahis des fillettes. Mais celle-ci éclate au premier courant d'air ! Malgré tout, les jeunes filles persévèrent. Puis, c'est en mixant les doses parfaites d'ouverture d'esprit et d'amitié qu'elles parviennent à un résultat assez épatant. La bulle qu'elles réussissent à produire est même très impressionnante !

Eclipsia, qui a peur de se faire remarquer, s'éloigne de la fenêtre. Devant un tel spectacle, elle se sent dépassée. Et si elle ne gagnait pas le concours cette année ? Elle abandonne ainsi sa mission d'espionnage, un peu débinée, certes, mais avec la folle envie d'être encore meilleure que ses amies ! Sur un coup de tête, elle saute sur sa trottinette volante et décide de s'inviter chez Marinia pour lui faire part de ce qu'elle vient de voir. Une fois tout près du

Lagon lumineux, juste au-dessus de la maison en coquillage de son amie, elle l'appelle en criant son nom très fort.

Rapidement, l'immense coquillage où vit Marinia s'ouvre, et la jeune fille, surprise par l'intensité d'Eclipsia, court la rejoindre. Assises sur la rive du lagon, les amies discutent un moment.

– J'ai vu ce que les autres préparent. C'est tout simplement grandiose ! raconte Eclipsia à Marinia, qui se contente de baisser les yeux. On doit chercher encore pour trouver mieux, ajoute-t-elle.

– Mais je n'ai pas de meilleure idée, réplique Marinia. Et même si on ne gagne pas...

Eclipsia fait comme si elle n'avait pas entendu les dernières paroles de sa partenaire. Ce n'est pas du tout son genre de se déclarer vaincue. À la place, elle se met illico à courir dans tous les sens afin de capturer différentes auras d'amour et de courage, ici et là, pour les mélanger. Marinia l'imite. Les résultats sont là, mais chaque fois, la masse de lumière produite par le mélange obtenu manque de puissance.

– On a trouvé des recettes potables, mais pas assez impressionnantes... lâche Eclipsia d'un ton déçu, avant de sauter sur sa trottinette volante pour rentrer chez elle. Je suis certaine qu'on peut créer une aura de courage puissante et gagner ! Il faut absolument l'obtenir d'ici demain, ajoute-t-elle avant de filer à toute vitesse, déjà en retard.

Ça y est, Marinia en est convaincue, la victoire n'ira pas à son équipe et son amie lui en voudra pendant des lunes. Personnellement, elle s'en fiche pas mal de perdre le concours, mais elle a très peur de la réaction de sa coéquipière, qui tient absolument à remporter le premier prix.

Alors qu'elle regarde Eclipsia s'éloigner, elle a subitement mal au ventre et du mal à se concentrer. On dirait que les idées se chicanent entre elles, dans sa tête. Et comme si elle avait besoin d'un stress de plus, au moment de se lever, elle constate qu'Eclipsia a oublié le capteur d'auras sur le sol. Du coup, elle ne parvient plus à respirer profondément. En ramassant le cylindre, déjà rempli d'une dose d'amour, elle a l'impression qu'un poids de plus vient s'ajouter sur ses épaules. C'est à elle que revient la responsabilité de trouver une aura de courage très puissante. Et si, par malchance, elle égarait le cylindre d'ici la compétition ?

Lorsqu'elle rentre à la maison, elle est si tendue qu'elle éclate en sanglots. Heureusement, sa mère vient la rejoindre aussitôt et l'invite à s'asseoir à table où l'attend un repas réconfortant. Bien qu'elle n'ait pas beaucoup d'appétit, Marinia mange en exposant en détail la situation qui la trouble. Sa mère l'écoute attentivement.

– J'ai l'impression de vivre le plus grand stress de ma vie, avoue Marinia, après avoir tout raconté sur le concours.

– As-tu parlé de l'anxiété que tu vis à Eclipsia ? questionne sa maman en retour.

– Non... j'ai peur qu'elle se moque de moi, qu'elle me trouve faible.

– S'il s'agit réellement d'une bonne amie, elle ne se moquera pas de toi. Mais elle ne peut pas deviner comment tu te sens. Tous les chamboulements que tu vis de l'intérieur ne sont visibles que pour toi, ma chérie... Et aussi pour moi, puisque je t'ai tricotée ! lui explique affectueusement sa mère, se levant de table pour lui faire le plus doux des câlins.

– Je vais essayer de lui en parler... Mais je préférerais être plus courageuse, organisée, et surtout avoir davantage confiance en moi, conclut Marinia en ramassant son assiette, pour ensuite se diriger vers sa chambre.

Malgré l'écoute, le réconfort et le soutien de sa maman, une fois dans son lit, la jeune fille n'arrive pas à fermer l'œil. Elle respire profondément par le ventre et essaie de méditer, mais son esprit s'égare à chaque tentative. Elle se demande si elle ne devrait pas tout laisser tomber pour permettre à Eclipsia de trouver une meilleure partenaire de compétition. Mais au fond d'elle-même, ce qu'elle souhaite réellement, c'est d'être aussi forte que ses amies. Après tout, elles vivent toutes un certain stress avec le concours. Pourtant, elle semble être la seule à ne pas savoir gérer la situation… Marinia, bien malgré elle, passe la nuit à chercher un plan pour parvenir à impressionner Eclipsia.

6

Visite des fonds marins

En se réveillant, Marinia réalise qu'elle a fini par s'endormir. Ses profondes respirations l'ont sans doute aidée à relaxer. C'était un sommeil bien léger, mais c'est mieux que rien ! Il est toutefois plus tôt que l'heure à laquelle elle se lève habituellement. Ainsi, dès l'aube, dans l'idée de trouver une aura plus puissante pour le concours, elle sort de son coquillage et plonge vers une partie des fonds marins qu'elle n'a encore jamais explorée. Car bien qu'elle connaisse la nébuleuse, la région sous-marine est si vaste qu'elle n'a encore jamais réussi à en visiter tous les recoins, surtout les plus sombres, qui l'ont toujours un peu effrayée.

Sur la table de la cuisine, avant de quitter la maison, elle a laissé une note à sa mère qui dort toujours : « Bonjour, ma belle maman d'amour. Je suis sortie explorer les environs. Je rentre bientôt pour prendre le petit-déjeuner avec toi. Bisous. »

Par tous les moyens, Marinia cherche à capturer des auras spéciales pour améliorer leur recette magique. Elle en est persuadée : si elle trouve une meilleure source qui saura satisfaire les exigences élevées de sa coéquipière, elle se sentira mieux. Qui ne risque rien n'a rien ! pense-t-elle.

En nageant vers l'inconnu, Marinia croise d'abord une jolie moule d'eau douce.

– Bonjour ! lui lance-t-elle au passage. Quelle belle coquille tu as !

L'aura de la petite moule, touchée par le compliment, passe à l'orange. Puis, voilà que celle-ci s'amuse à jouer à cache-cache, tout au fond de l'eau, avec une tortue. Puisque la joute est plaisante, l'aura des deux espèces devient jaune. Bien que magnifiques et paisibles, ces auras ne sont pas assez étonnantes pour satisfaire Marinia qui recherche quelque chose de plus... exceptionnel ! Elle poursuit donc sa route en saluant de la main les deux jolies bêtes.

Nageant maintenant plus loin et plus en profondeur, la jeune fille aperçoit soudainement un sujet fort intéressant : un poisson entouré d'une très puissante aura. En s'approchant, Marinia constate que l'aura jaune vif de ce brave petit poisson est provoquée par une anguille affamée, qu'il fuit courageusement et très habilement. Marinia ouvre aussitôt le cylindre qu'elle a apporté avec elle et hop ! elle capture une partie de cette incroyable aura.

Fière de sa prise, elle plonge encore plus profondément dans la noirceur des eaux. Malencontreusement, son pied s'entortille sérieusement dans une algue géante qui dansait par là. Ça y est, elle n'arrive plus à avancer ! Même si elle remue vigoureusement ses bras et sa jambe libre, elle ne parvient plus à nager. La panique s'empare aussitôt d'elle. Bien qu'elle soit capable de respirer sous l'eau, elle doit absolument se libérer !

– Au secours ! crie-t-elle instinctivement. Mais elle sait fort bien que personne ne l'entend et que le son de sa voix est déformé et très faible à cause de l'eau…

Elle essaie tant bien que mal de se déprendre, de déchirer l'algue autour de sa jambe, mais dans la panique, elle laisse échapper le cylindre, qui dérive dans l'eau et s'enfonce dans une crevasse.

– Au secours ! crie encore une fois Marinia.

Elle est affolée. Ça y est, son cœur se met à battre la chamade et elle a de nouveau mal au ventre. Elle est complètement paniquée, encore plus depuis qu'elle a laissé tomber le capteur d'auras. Et si elle ne le retrouvait plus ? Comment réagirait Eclipsia ? Les idées noires s'invitent dans la tête de Marinia à la vitesse de l'éclair.

Soudain, elle a réellement l'impression de perdre la tête. Tout se met à tourner autour d'elle. L'eau forme en effet un tourbillon menaçant. Marinia est morte de trouille. Jamais auparavant elle ne s'était sentie si désemparée, si seule. Elle est beaucoup trop loin des quartiers habités, personne ne passe jamais par ici et elle ne pourra pas s'en sortir sans aide.

Tandis que tout devient noir autour d'elle, Marinia se souvient de ce que lui a répété mille et une fois sa maman : « Ton souffle t'accompagne où que tu sois. Tu peux donc toujours compter sur lui. » Sans ouvrir les yeux, elle décide de s'accrocher à cette pensée. Elle se concentre donc sur sa respiration en essayant d'ignorer les événements qui sont, il faut l'admettre, totalement hors de son contrôle.

7

Fabuleuse rencontre

Après un certain temps, le tourbillon qui s'est formé autour de Marinia disparaît complètement. Grâce au mouvement de l'eau, son pied s'est libéré de l'algue dont il était prisonnier. Au loin, elle aperçoit une ombre majestueuse. L'ombre se dirige d'abord vers les profondeurs, ce qui rassure Marinia, mais la chose remonte vite vers elle. Plus elle approche, plus Marinia tremble de peur.

Puis, à sa grande surprise, elle voit s'approcher ce qui semble être un grand étalon nageant dans le

roulis d'une vague. Mais… pourrait-il s'agir d'un magnifique feraliaz, ces animaux légendaires qui n'apparaissent qu'aux moments de haute importance ? Marinia n'en revient tout simplement pas ! La bête tient un objet dans sa bouche… Calmement, Marinia s'approche pour mieux voir. Eh oui ! Le cheval lui rapporte le précieux cylindre qu'elle a laissé échapper plus tôt ! La jeune fille savait que de telles créatures existaient, mais jamais auparavant elle n'en avait croisé une de si près !

En remarquant la crinière emmêlée du feraliaz, elle devine qu'il a volontairement créé le tourbillon d'eau pour faire bouger l'algue et l'aider à s'en libérer. Le feraliaz tournait alors si vite que les yeux de Marinia n'arrivaient pas à le percevoir !

Est-ce que je rêve ? se questionne-t-elle d'abord, en reprenant le cylindre. *Wow ! Est-ce bien ce que je crois ?*

La bête semble approuver de la tête.

– Oui ! Tu es réellement un feraliaz ! C'est incroyable ! s'exclame-t-elle de façon peu audible, à cause de l'eau.

Mais peu importe, car les feraliaz sont des créatures spectaculaires qui communiquent par télépathie. Ils comprennent tout ce que les enfants pensent, sans même qu'ils aient besoin de parler.

Le grand cheval, qui fait au moins quatre fois la taille de la jeune fille, fait oui de la tête.

Toujours par la force de sa pensée, il se présente. Son nom est Ariaz. Affectueusement, Marinia s'approche pour lui flatter le museau. L'aura de l'animal magique devient alors rouge passion ! Comme la bête est très grande, l'aura l'est tout autant. Au départ, la lumière est si intense que la jeune fille doit plisser les yeux pour ne pas être aveuglée. Mais elle est trop préoccupée par sa fabuleuse rencontre pour avoir l'idée d'en capturer une partie.

Ariaz se raconte à Marinia, qui veut en savoir plus sur lui.

– Depuis toujours, j'aime passer mes journées à nager dans les profondeurs des eaux de la nébuleuse ou à survoler la cité, le museau au vent. Dès que je t'ai aperçue aujourd'hui, j'ai su que c'était toi l'enfant qui m'était destiné.

Touchée par les douces pensées du feraliaz, Marinia flatte de nouveau la bête, cette fois entre les yeux. Ariaz semble beaucoup apprécier les caresses.

– Je te serai toujours fidèle, lui dit-il, en lui faisant un sourire et en fermant ses yeux.

Il n'en fallait pas plus pour que Marinia craque complètement pour lui. Son cœur, si fragile ces derniers temps, se remplit instantanément d'amour.

La tradition veut que chaque feraliaz de la nébuleuse soit destiné à un enfant, et lui offre son dévouement absolu. C'est le feraliaz qui sélectionne son jeune compagnon, lorsqu'il perçoit une connexion particulière avec celui-ci. Ainsi, Ariaz sera toujours là pour Marinia, pour lui venir en aide, et ce, même de loin. Les deux nouveaux amis ont l'impression de se connaître depuis la nuit des temps. Ils passent un merveilleux moment et Marinia se sent enfin apaisée.

Comme Ariaz est très instinctif, il sait qu'il doit laisser filer Marinia, sinon sa maman va s'inquiéter.

Puisqu'il nage évidemment beaucoup plus vite que sa protégée, Ariaz lui propose de la raccompagner jusque chez elle. Il se penche délicatement et la fait monter sur son dos. Entre les deux êtres, un lien puissant se tisse.

En route, le feraliaz explique ce qu'il faisait quand il l'a aperçue dans l'eau :

– Alors que mes copains faisaient des courses dans les vagues, je m'amusais tout seul à admirer le fond du littoral. C'est là que je t'ai vue !

– Mais pourquoi ne pas avoir choisi de jouer avec eux ? demande Marinia.

– Je n'aime pas les courses, tout simplement. Et je ne suis pas le plus rapide ! Je préfère prendre mon temps lorsque je me balade. Cela me permet de voir toutes les beautés du monde qui m'entoure.

À force d'échanger, Marinia réalise qu'Ariaz, tout comme elle, préfère le jeu à la compétition. Constater qu'elle n'est pas la seule dans cette situation la réconforte un peu.

Saluant affectueusement son sauveur, c'est avec une attitude sereine que Marinia rentre chez elle. Heureusement, sa maman est toujours au lit. Elle ne s'est donc pas inquiétée pour sa fille. Marinia va la réveiller en lui donnant un doux baiser sur la joue.

– Si seulement la vie pouvait être aussi douce que ta joue, gentille maman, murmure Marinia à sa mère, encore allongée.

– Quelle belle façon de se réveiller !

Sa mère, le sourire aux lèvres et les yeux encore fermés, enlace tendrement sa fille chérie.

Marinia lui raconte son escapade et lui parle de sa merveilleuse rencontre de la matinée. Pour ne pas se faire gronder, elle garde toutefois pour elle certains détails, comme la présence de l'algue géante… Pendant son récit, Marinia réalise à quel point elle a été stupide de ne pas avoir capturé l'aura rouge d'Ariaz !

– Quelle sotte je suis, dit-elle. J'aurais pu capturer une si belle et si puissante aura et je ne l'ai pas fait. J'ai complètement oublié que j'étais là pour le concours.

– Tu savourais pleinement le moment présent, lui répond doucement sa maman.

Marinia se souvient alors qu'en effet, elle était parfaitement bien à ce moment-là. Elle ne s'en faisait ni avec le passé ni avec le futur. Elle vivait ici et maintenant. Serait-ce la recette pour être zen, comme lorsqu'elle parvient à ne penser à rien d'autre qu'à sa respiration ? La jeune fille semble avoir appris quelque chose de grand en cette matinée spéciale.

De retour dans sa chambre, le cylindre entre les mains, Marinia espère que l'aura du poisson saura donner le résultat espéré, une fois mélangée à l'aura d'amour. Malheureusement, le temps file et elle n'a pas le temps de faire plus de tests. Elle doit donc se faire confiance et, surtout, ne pas égarer le cylindre qui contient les deux auras prêtes à être mélangées devant public le jour du concours ! Elle croise les doigts pour qu'Eclipsia soit fière d'elle…

8

Calmer l'orage en soi

En après-midi, tous ceux qui participent au concours sont invités à prendre place dans la bibliothèque de l'Académie des Énergies afin de préparer la présentation de leur invention sur la table qui leur est attribuée. C'est demain, dernier jour d'école, qu'aura enfin lieu l'événement.

En route, Marinia cherche Ariaz des yeux. Elle plonge d'abord son regard dans l'eau du lagon : elle n'y voit que son reflet. Elle lève alors les yeux au ciel : elle y aperçoit de brillantes étoiles et quelques oiseaux, certes, mais aucune trace de son feraliaz.

– Quand vais-je le revoir ? se demande-t-elle en franchissant la porte principale de l'école.

Rendue dans la grande bibliothèque, comme les autres élèves, elle dépose son cylindre contenant les auras dans un coffre placé sur la table de son équipe. D'un côté du capteur se trouve l'aura de bravoure jaune du poisson et, de l'autre, l'aura d'amour rouge dégagée plus tôt cette semaine par Eclipsia pour son petit animoulous, Louna. Selon la réglementation, tout le matériel nécessaire à l'expérience doit demeurer dans l'école jusqu'au lendemain, jour où les auras seront mélangées devant les juges et le public.

Eclipsia est rassurée par la trouvaille de Marinia. Comme elle avait oublié le cylindre chez son amie la veille, elle craignait que leur équipe n'ait aucune recette à présenter au concours, ce qui aurait représenté un immense échec pour elle. Heureusement, elles pourront faire bonne figure. Enfin…

elle l'espère ! Par curiosité, Eclipsia déambule d'une table à l'autre pour analyser le calibre de la compétition. Marinia la suit. Plus elle voit les projets des autres, plus son stress revient. Eclipsia s'approche de la table d'Iceana et de Coralia.

– Satisfaite de votre boulot ? demande-t-elle sournoisement.

– Absolument ! répondent les filles en chœur.

– On a super bien travaillé. Et c'est très agréable de faire équipe avec Coralia, souligne Iceana.

– Super alors ! ajoute Eclipsia. Que les meilleures gagnent !

En se retournant, Eclipsia réalise que Marinia n'est plus près d'elle. Elle part donc à sa recherche. Voyant un tentacule d'Octavia dépasser d'une rangée de livres, Eclipsia s'approche et trouve Marinia assise entre deux étagères de livres. Elle constate qu'elle est sur le point de craquer et qu'elle essaie tant bien que mal de méditer. Elle s'installe alors amicalement auprès d'elle et lui dit :

– Marinia, tu dois absolument me dire ce qui te tracasse. Tu es très étrange depuis quelque temps.

C'est la peur de perdre le concours qui te rend ainsi ?

Marinia hésite un moment puis, en repensant à ce que Ariaz et sa maman lui ont dit, elle se lance et vide enfin son sac :

– Non, je m'en fiche de ne pas gagner, dit-elle en se mettant à pleurer doucement. En fait, toute la pression que je vis en ce moment, c'est seulement par peur de te décevoir. Tu es tellement... parfaite... et exigeante...

Eclipsia, mal à l'aise et un peu troublée, l'enlace aussitôt très fort.

– Mais c'est à moi que j'en demande beaucoup, se défend Eclipsia. J'adore en effet gagner, mais pour moi c'est un défi que j'aime vivre. Pas une torture.

– Je n'arrive pas à suivre ton rythme. Je n'y suis jamais parvenue, pour être bien franche, explique Marinia en essuyant les larmes qui coulent encore sur ses joues.

– J'ai été malhabile et trop exigeante. Je m'en excuse sincèrement, admet Eclipsia.

– Arrête, riposte Marinia. C'est moi qui suis faible. Je n'arrive même pas à supporter la pression d'un simple concours scolaire !

– Non, toi, arrête. Dis-moi : qu'est-ce que ta mère aime de toi ? Et ton animoulous, qu'apprécie-t-il de ta personnalité ?

Voyant que Marinia ne répond rien, elle insiste.

– Allez. Nomme-moi une de tes forces !

– Je suis assez douée en chant, répond Marinia timidement.

– Et quoi d'autre ?

– Je pense que je suis une bonne personne. J'aime aider les autres. Je suis également plutôt gentille avec maman et avec mon entourage.

– Tu vois ! Il y a plein de bon en toi et tout le monde t'apprécie.

Percevant un peu mieux sa valeur grâce au jeu habile de sa copine, Marinia s'apaise un instant. Encouragée, Eclipsia poursuit :

– Et tu sais quoi ? Moi aussi je voudrais bien avoir un peu de toi en moi !

– Ah oui ? répond Marinia, intriguée.

– Je suis tellement sérieuse que ma vie manque de magie par moments. J'aimerais bien être capable de me laisser aller à chanter comme tu le fais, être plus souple et sensible, comme toi. Moi je suis raide comme une barre, dedans comme dehors !

Cette dernière phrase fait rire Marinia qui reprend tranquillement confiance en elle. Et comme Eclipsia fait réellement preuve d'empathie lors de cette conversation, ses yeux commencent à percevoir l'aura qui se dessine autour de son amie.

– Oh wow ! s'exclame Eclipsia, qui n'a jamais rien vu de tel. J'arrive à voir ton aura... Et tu sembles aller beaucoup mieux, ma chère amie !

Marinia sourit à sa copine qui l'aide à se relever.

– Allez, viens ! On a un concours à gagner, lance Eclipsia à la blague, en faisait un clin d'œil complice à Marinia.

Celle-ci est enfin en paix. Elle sait que le lendemain, peu importe l'issue du concours, sa coéquipière restera son amie. En fait, toutes les deux ont beaucoup appris de cette étonnante aventure. Elles sont donc déjà victorieuses !

9

Ciel trouble en ce jour J

Le matin de l'événement, et dernier jour de l'année scolaire, tous les participants du concours sont agités. Chez elle, Marinia se prépare en fredonnant ses airs préférés. Enfin, la pression qu'elle porte sur ses épaules depuis le lancement du concours s'est allégée.

Avant son départ, sa maman, qui viendra la rejoindre plus tard à l'école, y va de quelques mots encourageants :

– Rappelle-toi que je suis fière de toi quoi qu'il arrive ! Je suis fière de toi d'abord parce que tu oses participer au concours, et ensuite parce que tu as déployé beaucoup d'efforts pour présenter ta création, lui dit-elle en l'embrassant sur la tête.

– Merci, maman. Je t'aime.

– Je t'aime plus. Et je t'aime comme tu es, avec tes immenses forces et tes petites faiblesses. Allez ! Bonne journée et surtout, n'oublie pas de respirer. On se retrouve après le concours !

Marinia respire un grand coup. Puis, le sourire aux lèvres, elle fait le trajet vers l'Académie en compagnie de Coralia, qui réside non loin de chez elle. En chemin, elle lui explique combien elle a eu du mal à gérer la pression du concours, entre autres à cause de la compétitivité d'Eclipsia. Elle lui parle également de sa rencontre avec Ariaz, son feraliaz. Elle lui raconte à quel point elle regrette de ne pas avoir pensé récupérer son aura rouge. Coralia, qui fait d'immenses bulles avec sa gomme à mâcher, prend encore et toujours le concours à la légère. En bonne oreille attentive, elle écoute son amie sans dire un seul mot et avance d'un pas aussi détendu que pour aller jouer au parc. Octavia et Lyria, leurs animoulous, suivent derrière. Les deux petites créatures jouent à saute-mouton, ce qui les retarde un peu et commence à impatienter Marinia qui ne veut pas arriver en retard.

Depuis le nord de la nébuleuse, Iceana et Eclipsia marchent ensemble elles aussi. La route à faire est assez longue et le temps passe toujours plus rapidement en bonne compagnie ! Sur le chemin, elles se font surprendre par quelques flocons de neige. Leurs animoulous, Blizzia et Louna, en sont fous de joie et sautent dans tous les sens pour les attraper avec leur petite langue pointue.

– C'est trop étrange… lance Iceana. Non seulement il est trop tôt dans la saison pour neiger, mais la forme des flocons m'inquiète un peu.

Sortant une petite loupe de sa poche, Iceana analyse en détail un des flocons qui est encore intact sur la manche de son chandail.

– Leur géométrie ne prédit rien de bon dans la nébuleuse, précise-t-elle à son amie qui lève les yeux vers le ciel avec grande attention.

– De mon côté, depuis ce matin, je n'arrive pas à lire dans les étoiles. Pourtant, le ciel est clair. C'est à n'y rien comprendre ! admet Eclipsia en haussant les épaules.

Puisque le concours de l'école est très important pour les filles, elles décident de faire abstraction de ces phénomènes étranges et poursuivent leur chemin vers l'Académie.

Une fois à l'école, dans la grande bibliothèque, les membres des équipes en compétition ont des allures de combattants. La lutte sera féroce. Marinia, qui est déjà en place derrière sa table, a le cœur qui s'emballe de nouveau… Il faut qu'elle parvienne, une fois de plus, à calmer cet orage qui cherche à grandir en elle. À ce stade-ci, elle doit lâcher prise et avoir confiance en ce qu'elles ont réussi à créer.

À la table d'à côté, le cœur d'Iceana s'emporte aussi. Elle se demande si elle a bien fait d'ignorer le signal des flocons protecteurs…

10

Panique générale

Le silence est d'or, dans la grande bibliothèque. La fébrilité des élèves est palpable. Mais, au moment même où la directrice déclare la compétition officiellement lancée et que, accompagnée des trois juges, elle s'avance pour noter les réalisations des élèves, la vie décide de jouer un vilain tour aux participants : d'un seul coup, les lumières de la pièce se mettent à clignoter.

– Oooh ! s'exclament les élèves en haussant les yeux vers les majestueux luminaires solaires.

– Qui est le petit coquin qui s'amuse avec l'éclairage ? demande la directrice d'un ton qui n'entend pas du tout à rire.

Les élèves regardent autour d'eux, mais tout le monde est à sa place. La directrice commence à s'inquiéter. Puis, avant même qu'une seule équipe ne présente sa création, la bibliothèque est plongée dans l'obscurité totale !

Dans la noirceur, la foule réunie pour l'occasion est difficile à contrôler. On entend des animoulous crier et des enfants pleurer. Puis, par réflexe, plusieurs personnes courent vers la sortie de l'immeuble la plus proche. C'est la panique. Les organisateurs de l'événement ne savent plus où donner de la tête tellement tout va trop vite et dans le chaos.

Rapidement, la directrice contacte le maire de la ville pour comprendre ce qui arrive à son école. Heureusement, il a une explication pour elle :

– Une éclipse totale vient d'arriver plus tôt que prévu dans l'année !

Rassurée et souhaitant maintenant calmer la foule, elle hausse aussitôt la voix pour demander le silence.

– Merci de votre attention. Je viens de parler au maire de Nebulopolis et il m'a informée que c'est une éclipse imprévue qui nous plonge ainsi dans la noirceur. Puisque le soleil ne peut plus alimenter nos sources lumineuses, et que personne n'a pu prévenir cet incident naturel, il n'y a pas de solution immédiate pour ramener la lumière dans l'école. En fait, il n'y a plus de lumière dans toute la ville durant l'éclipse…

La foule a bien du mal à rester calme à la suite de ces explications.

– Comme c'est aujourd'hui le dernier jour avant les vacances scolaires, poursuit la directrice, j'ai le regret de vous informer que nous devons malheureusement annuler le concours.

– Zut ! s'exclame Iceana.

– Booh ! crie un autre gamin, depuis le fond noir de la pièce.

Il n'en fallait pas plus pour que le mécontentement jaillisse depuis tous les coins et recoins de la pièce. Après tout, personne ne sait d'où viennent les voix, et il est assez spectaculaire de constater à quel point les gens sont moins timides dans l'anonymat !

– Voilà sans doute ce que tentaient de me communiquer les flocons de neige, souffle Iceana à ses copines.

Tout le monde est déçu, évidemment. De nombreux soupirs se font entendre.

De son côté, Eclipsia a déjà réussi à se faufiler à l'extérieur de l'école. Il fait sombre, mais pas totalement noir. Prenant soin de tenir une lentille spéciale devant ses yeux pour les protéger, elle cherche sans succès à percevoir des prédictions dans le ciel, alors que le soleil est entièrement caché par la lune. L'éclipse semble bloquer toutes ses capacités extraordinaires. Bredouille, mais s'habituant à la noirceur, elle revient dans la bibliothèque pour aider sa coéquipière et le reste des participants à trouver la sortie. À chacun de ses pas, elle fait bien attention de ne pas marcher sur la patte d'un petit animoulous !

11

Invention à grande échelle

Rapidement, Eclipsia retrouve Marinia et ses autres copines puisque quelques lanternes sont allumées par la directrice et les professeurs. Néanmoins, il ne fait pas suffisamment clair pour que le concours se déroule comme prévu, et les élèves, accompagnés de leur animoulous, font sagement la file pour sortir.

Marinia semble très calme. Or, sa boule au ventre est revenue. Elle sent qu'elle a besoin de se recentrer. À force de respirer de façon profonde et consciente, elle a une idée. Et si elle tentait d'appeler son feraliaz ? Il pourrait sans doute venir assez vite les aider. L'idée de Marinia est grandiose, mais simple à la fois. Elle confie celle-ci à ses amies :

– Les filles, attendez un peu ! Je pense que j'ai trouvé une façon de ramener la lumière dans la bibliothèque et de sauver le concours.

Eclipsia, Iceana et Coralia, curieuses, arrêtent de marcher vers la porte pour l'écouter attentivement.

– Mon idée est de recréer notre invention le plus rapidement possible, mais à bien plus grande échelle.

Les yeux d'Eclipsia brillent aussitôt. Elle adore ce genre de challenge.

– Comme vous le savez, dernièrement, j'ai rencontré mon feraliaz. S'il accepte de venir m'aider, j'aurai besoin de vous pour le faire entrer ici. Avec l'aura intense qu'il dégage, vu sa taille et l'amour qui s'est installé entre nous, je crois que je pourrais créer une boule lumineuse assez puissante pour que le concours se déroule comme prévu !

Marinia tend sa main devant elle pour savoir si ses copines acceptent de la suivre dans son projet un peu farfelu. Sans même hésiter, les filles unissent leur main à la sienne. D'un coup, elles crient :

– Allez, hop ! Ensemble on est plus fortes !

Marinia est trop contente. Dépassant la file, elle court jusqu'à l'entrée, où la directrice se tient. Se rapprochant de son oreille, elle lui explique son plan. La dame, qui plisse les yeux, semble d'abord douter de la réussite du projet, mais lorsqu'Eclipsia se joint à Marinia et ouvre leur cahier de notes, elle commence à croire qu'il s'agit d'une possibilité... du moins, que ça vaut la peine d'essayer !

Aussitôt, Marinia sort de l'école. S'approchant de la rivière où il joue souvent, elle se penche pour toucher l'eau et appelle son cheval magique, Ariaz, par l'unique force de sa pensée et de sa concentration.

À la vitesse d'une étoile filante, celui-ci vient la rejoindre.

– Merci ! s'exclame Marinia en lui flattant le museau. Je suis très reconnaissante de ta présence.

En groupe, les élèves ouvrent la gigantesque porte coulissante de la bibliothèque, sans quoi Ariaz, de taille imposante, ne pourrait pas pénétrer dans l'école. Après tout, ils ont tous travaillé si fort qu'ils souhaitent rétablir la lumière afin de pouvoir présenter leurs fameuses inventions !

Assise sur le dos d'Ariaz, Marinia fait une entrée remarquée dans la pièce sombre, devant les enfants impressionnés par la majestueuse bête.

Tous deux vont rejoindre Eclipsia qui les attend avec le capteur d'auras en main. D'un côté se trouve toujours l'aura jaune du petit poisson courageux. De l'autre, elle libère l'aura d'amour pour son animoulous et capture l'immense aura d'amour que dégage Ariaz pour Marinia. Cette aura est d'un rouge profond.

Avant de procéder au mélange des substances, Eclipsia, qui a beaucoup amélioré ses capacités à percevoir les auras, remarque que Marinia dégage de l'amour, mais aussi beaucoup de courage. Après tout, pour une fille qui a perdu tous ses moyens en début de concours, elle a fait preuve d'énormément de courage pour sauver cette journée importante pour toute l'école ! Ne laissant aucune chance à ses adversaires, Eclipsia libère l'aura du brave poisson et s'empare plutôt de celle de sa copine, l'héroïne du jour.

Puis, habilement, le regard plein d'espoir, Eclipsia retire la languette qui sépare les deux auras et secoue le tout. Lorsqu'elle ouvre l'extrémité du long tube qui retient le mélange obtenu, un grand cœur en ressort. Celui-ci, d'un bel orangé, se met à briller de mille feux. La lumière produite par le mélange d'amour et de courage est si forte qu'elle parvient à éclairer une bonne partie de la bibliothèque. Comme Marinia et les autres participants l'espéraient, le concours peut donc avoir lieu !

Marinia, les organisateurs de l'événement et les participants se rapprochent tous du gentil feraliaz pour l'applaudir et le remercier. Tout le monde réalise, à son immense sourire qui laisse voir toutes ses dents brillantes, qu'Ariaz est heureux. D'un pas fier et assuré, Marinia raccompagne son feraliaz vers la sortie. Elle flatte à nouveau son doux museau et l'embrasse. Puis, elle le regarde s'éloigner.

12

Compétition de taille

Il reste très peu de spectateurs dans la grande bibliothèque. Plusieurs, apeurés par le noir, sont partis trop tôt pour voir la scène surréaliste avec le feraliaz. Toutefois, les organisateurs, de même que tous les participants, sont toujours sur place. Et le cœur de feu illumine l'immense pièce.

Derrière sa table, chaque duo est enfin invité à présenter son invention. Munis d'un calepin de notes, les professeurs passent solennellement d'une équipe à l'autre pour juger le travail des enfants.

La première équipe à se lancer dans la compétition surprend le jury en créant, à l'aide d'un mélange d'auras de bonheur et d'empathie, un nuage rose sur lequel les animoulous peuvent faire du trampoline.

Toutes les équipes qui suivent font également preuve d'imagination et de talent. La compétition est de taille, et la partie est loin d'être gagnée pour les filles !

Lorsque vient le tour d'Iceana et de Coralia, elles mélangent, comme prévu, ouverture d'esprit et amitié. Elles décapsulent leur capteur d'auras directement dans un aquarium rempli d'eau déposé devant elles, dans lequel patauge Blizzia, l'animoulous d'Iceana. Aussitôt, une bulle bleue transparente et résistante se forme autour de Blizzia qui saisit cette occasion pour plonger, puisqu'elle parvient maintenant à respirer sous l'eau. Comme elle a de la place, la mignonne en profite pour faire quelques pirouettes, rien que pour se donner en spectacle et épater la galerie. Le succès d'Iceana et de Coralia est foudroyant et plusieurs personnes expriment leur admiration.

– Wow ! lâche spontanément Marinia, complètement séduite par la bulle de ses amies.

Elle allait en rajouter lorsqu'elle reçoit un léger coup de coude d'Eclipsia.

– Il ne faudrait quand même pas influencer les juges, lui souffle-t-elle à l'oreille.

Lorsque les juges arrivent devant la table de Marinia et d'Eclipsia, ils se contentent de les saluer de la tête et passent tout droit. Tous savent bien que leur capteur d'auras est désormais vide. Leur création, le cœur de feu, brille toujours au centre de la pièce. Il éclaire de moins en moins, mais émet encore un peu de lumière.

Même si plusieurs créations des participants sortent de l'ordinaire, Marinia a réellement sauvé le concours avec son magnifique et brillant projet. Tout cela, bien malgré l'anxiété qui l'habitait tout au long du parcours. Plusieurs lui prédisent la victoire. Elle est si heureuse et si fière d'elle !

13

Surprenante remise de prix

Le temps passe et le cœur créé par l'équipe de Marinia et d'Eclipsia est sur le point de s'éteindre. Il faut donc se dépêcher pour clore le concours et l'année scolaire avant d'être de nouveau plongé dans le noir. Les organisateurs accélèrent alors leur délibération afin de couronner les champions du jour.

Pour annoncer l'équipe gagnante, la directrice prend à nouveau place derrière son lutrin. Les élèves se tiennent tous bien droits, fébriles, malgré les aléas et le stress de cette longue journée.

– Je félicite tous les participants de cette nouvelle édition du concours des inventions. Il s'agit d'une journée plutôt mouvementée dont on se souviendra longtemps, n'est-ce pas ?

Les élèves approuvent.

– Alors sans plus tarder, pour récupérer le trophée de l'Académie, j'ai le bonheur d'inviter à l'avant l'équipe qui a créé la géniale bulle d'air : Iceana et Coralia ! On les applaudit bien fort !

Étonnées, Iceana et Coralia avancent, de façon un peu timide, vers le trophée qui est tout simplement magnifique. Il est immense et il brille comme un diamant.

Au passage des gagnantes, tous les enfants et les spectateurs se mettent à applaudir. Les joues de Coralia, très fière, deviennent toutes rouges.

Mais secrètement, tout le monde croyait que l'équipe de Marinia et d'Eclipsia allait gagner...

Après tout, sans leur idée de génie, le concours aurait été annulé, ce qui ne faisait l'affaire de personne !

– Je sais bien que plusieurs d'entre vous sont surpris que ce ne soit pas l'équipe qui a créé le cœur de feu qui remporte les honneurs, poursuit la directrice. Selon les règlements, dès la veille du concours, il est interdit de faire entrer un élément de l'extérieur dans le but de l'utiliser pour la création des projets. C'est pourquoi nous vous avions demandé de laisser votre capteur d'auras ici, hier soir.

En effet, après réflexion, les copines réalisent avec déception qu'il était interdit de mélanger des auras non capturées avant la veille du concours.

Toutefois, la directrice, vers qui tous les regards se tournent à nouveau, précise que ce qu'elles ont fait est tellement ingénieux et apprécié que le jury leur réserve une mention d'honneur.

– Car on ne pouvait évidemment pas passer une telle ingéniosité sous silence ! Je vous annonce donc que dès le retour des vacances, l'endroit où l'on se trouve présentement portera désormais le nom suivant : la bibliothèque Cœur de Feu, soit le nom de l'invention qui a sauvé le concours. Après tout, poursuit-elle, cette bibliothèque est littéralement le cœur de l'Académie des Énergies, là où tout le savoir se perpétue de génération en génération.

Sous les cris de joie et les félicitations qui fusent de partout, Eclipsia et Marinia sont plus que satisfaites du dénouement de la journée.

– Réalises-tu que les futurs élèves, voire nos futurs enfants, consulteront un jour des livres dans cette pièce qui porte le nom de notre invention ? lance Eclipsia, abasourdie par la belle surprise.

– J'ai du mal à y croire ! répond Marinia. Et j'espère que des traces des auras de courage et d'amour qu'on a mises dans ce cœur de feu flotteront à tout jamais ici. Il y a tant d'enfants qui ont juste besoin d'un peu de courage pour avancer !

Marinia salue ses copines et va rapidement rejoindre sa mère, qui fait partie des rares spectateurs ayant bravé les aléas de la journée. Elle rentre certes sans trophée, mais remplie d'une force nouvelle. Si elle a réussi à traverser l'épreuve du concours, elle sait qu'elle pourra affronter beaucoup de choses dans la vie !

Plus d'aventures à venir très bientôt !

nebulousstars.com

Dans la même collection

Suivez-nous sur le Web
et les réseaux sociaux !

EDITIONS-PETITHOMME.COM
EDITIONS-HOMME.COM
EDITIONS-JOUR.COM
EDITIONS-LAGRIFFE.COM
RECTOVERSO-EDITEUR.COM
QUEBEC-LIVRES.COM
EDITIONS-LASEMAINE.COM

Cet ouvrage a été achevé d'imprimer sur les presses
d'Imprimerie Transcontinental, Beauceville, Canada